Gedichte und Sprüche in Auswahl

von der Vogelweide Walther

Alpha Editions

This edition published in 2022

ISBN : 9789356901049

Design and Setting By
Alpha Editions
www.alphaedis.com
Email - info@alphaedis.com

Contents

FRÜHLINGSSEHNSUCHT ....- 1 -

TRAUMDEUTUNG...- 1 -

FRÜHLING UND FRAUEN......................................- 3 -

LIEBESTRAUM...- 4 -

SCHÖNHEIT UND TUGEND..................................- 5 -

UNTER DER LINDE ....- 6 -

GEGENSEITIGE LIEBE...- 7 -

SCHÖNHEIT UND ANMUT......................................- 8 -

DIE HERRLICHE FRAU ....- 9 -

TROST IM LEIDE ....- 11 -

DAS HALM-MESSEN..- 12 -

DAS RECHTE MASS ....- 13 -

PREIS DER LIEBENSWÜRDIGKEIT UND TUGEND.....- 14 -

DEUTSCHLAND ÜBER ALLES..............................- 16 -

DER MINNE RECHT ....- 17 -

IM GELOBTEN LANDE ....- 17 -

EINST UND JETZT ....- 20 -

DER WAHLSTREIT ....- 22 -

VORZEICHEN DES JÜNGSTEN TAGES ....- 24 -

MORGENGEBET ....- 25 -

DER WAISE...- 26 -

NEUER LEBENSMUT ....- 26 -

KÖNIG PHILIPPS KRÖNUNG..............................- 27 -

BERUFUNG AN HERZOG LEOPOLD.....................- 27 -

DER RÖMISCHE STUHL..- 27 -

DER VERFÜHRER..- 28 -

WIRT UND GAST .... - 28 -
DREI GASTLICHE HÖFE .... - 29 -
VERWÜNSCHUNG .... - 29 -
GÖTTLICHE BOTSCHAFT .... - 29 -
AAR UND LÖWE .... - 30 -
AN KÖNIG FRIEDRICH .... - 30 -
DAS LEHEN .... - 31 -
ANMERKUNGEN .... - 32 -

FRÜHLINGSSEHNSUCHT

Uns hât der winter geschadet über al:
heide unde walt die sint beide nû val,
dâ manic stimme vil suoze inne hal.
sæhe ich die megde an der strâze den bal
werfen, sô kæme uns der vogele schal.
Möhte ich verslâfen des winters gezît!
wache ich die wîle, sô hân ich sîn nît,
daz sîn gewalt ist sô breit und sô wît;
weiz got, er lât och dem meien den strît:
sô lis' ich bluomen dâ rîfe nû lît.

TRAUMDEUTUNG

Dô der sumer komen was
und die bluomen durch daz gras
wünneclîche ensprungen,
aldâ die vogele sungen,
dar kom ich gegangen
an einen anger langen,
dâ ein lûter brunne enspranc:
vor dem walde was sîn ganc,
dâ diu nahtegale sanc.
Bî dem brunnen stuont ein boum,
dâ gesach ich einen troum.
ich was von der sunnen
gegangen zuo dem brunnen,
daz diu linde mære
mir küelen schaten bære.
bî dem brunnen ich gesaz,

mîner swære ich gar vergaz:
schiere entslief ich umbe daz.
Dô bedûhte mich zehant,
wie mir dienten alliu lant,
wie mîn sêle wære
ze himel âne swære
und der lîp hie solte
gebâren swie er wolte.
dâne was mir niht ze wê:
got der walde's, swie'z ergê,
schœner troum enwart nie mê.
Gerne sliefe ich iemer dâ,
wan ein unsæligiu krâ,
diu begonde schrîen.
daz alle krâ gedîen
alse ich in des günne!
si nam mir michel wünne.
von ir schrîen ich erschrac:
wan daz dâ niht steines lac,
sô wær' ez ir suonetac.
Wan ein wunderaltez wîp
diu getrôste mir den lîp.
die begonde ich eiden.
nû hât si mir bescheiden
waz der troum bediute.
daz merken wîse liute:
zwêne und einer daz sint drî;
dannoch seite s' mir dâ bî,
daz mîn dûme ein vinger sî.

FRÜHLING UND FRAUEN

Sô die bluomen ûz dem grase dringent,
same sie lachen gegen der spileden sunnen,
in einem meien an dem morgen fruo,
und diu kleinen vogellîn wol singent
in ir besten wîse die sie kunnen,
waz wünne mac sich dâ genôzen zuo?
ez ist wol halb ein himelrîche.
suln wir sprechen, waz sich deme gelîche,
sô sage ich, waz mir dicke baz
in mînen ougen hât getân und tæte ouch noch, gesæhe ich daz.
Swâ ein edeliu schœne frouwe reine
wol gekleidet unde wol gebunden
durch kurzewîle zuo vil liuten gât,
hovelîchen hôchgemuot, niht eine,
umbe sehende ein wênic under stunden:
alsam der sunne gegen den sternen stât:
der meie bringe uns al sîn wunder,
waz ist dâ sô wünneclîches under
als ir vil minneclîcher lîp?
wir lâzen alle bluomen stân und kapfen an daz werde wîp.
Nû wol dan, welt ir die wârheit schouwen,
gên wir zuo des meien hôchgezîte!
der ist mit aller sîner krefte komen.
seht an in und seht an werde frouwen,
wederez daz ander überstrîte,
daz bezzer spil ob ich daz habe genomen.
ôwê der mich dâ welen hieze,
deich daz eine durch daz ander lieze,

wie rehte schiere ich danne küre!
hêr Meie, ir müeset merze sîn, ê ich mîne frouwen dâ verlüre.

LIEBESTRAUM

«Nemt, frouwe, disen kranz,»
alsô sprach ich z'einer wol getânen maget:
«sô zieret ir den tanz
mit den schœnen bluomen, als ir s' ûfe traget
hæt' ich vil edele gesteine,
daz mües' ûf iur houbet,
obe ir mir's geloubet:
sêt mîne triuwe, daz ich'z meine.
Ir sît sô wol getân,
daz ich iu mîn schapel gerne geben wil,
daz beste daz ich hân.
wîzer unde rôter bluomen weiz ich vil,
die stênt sô verre in jener heide:
dâ sie schône enspringent
und die vogele singent,
dâ sule wir sie brechen beide.»
Si nam daz ich ir bôt
einem kinde vil gelîch, daz êre hât:
ir wangen wurden rôt
same diu rôse, dâ si bî der liljen stât.
do erschamten sich ir liehtiu ougen,
doch neic si mir schône.
daz wart mir ze lône:
wart mir's iht mêr, daz trage ich tougen.
Mich dûhte daz mir nie

lieber wurde danne mir ze muote was:
die bluomen vielen ie
von den boumen bî uns nider an daz gras.
seht, dô muost' ich von freuden lachen.
do ich sô wünneclîche
was in troume rîche:
dô tagete ez und muose ich wachen.
Mir ist von ir geschehen
daz ich disen sumer allen meiden muoz
vast' under d'ougen sehen:
lîhte wirt mir eniu, so ist mir sorgen buoz.
waz obe si gêt an disem tanze?
frouwe, durch iur güete
rucket ûf die hüete:
ôwê, gesæhe ich s' under kranze!

SCHÖNHEIT UND TUGEND

Wol mich der stunde, daz ich sie erkande,
diu mir den lîp und den muot hât betwungen,
sît deich die sinne sô gar an sie wande,
der sie mich hât mit ir güete verdrungen!
daz ich gescheiden von ir niht enkan,
daz hât ir schœne und ir güete gemachet
und ir rôter munt, der sô lieplîchen lachet.
Ich hân den muot und die sinne gewendet
an die vil reinen, die lieben, die guoten:
daz müez' uns beiden wol werden volendet
swes ich getar an ir hulde gemuoten.
swaz ich ie freuden zer werlde gewan,

daz hât ir schœne und ir güete gemachet

und ir rôter munt, der sô lieplîchen lachet.

UNTER DER LINDE

«Under der linden
an der heide,
dâ unser zweier bette was,
dâ muget ir vinden
schône beide
gebrochen bluomen unde gras.
vor dem walde in einem tal,
tandaradei!
schône sanc diu nahtegal.
Ich kam gegangen
zuo der ouwe:
dô was mîn friedel komen ê.
dâ wart ich enpfangen,
hêre frouwe!
daz ich bin sælic iemer mê.
kuste er mich? wol tûsentstunt:
tandaradei!
sehet, wie rôt mir ist der munt.
Dô het er gemachet
alsô rîche
von bluomen eine bettestat.
des wirt noch gelachet
inneclîche,
kumt iemen an daz selbe pfat.
bî den rôsen er wol mac,

tandaradei!
merken wâ mir'z houbet lac.
Daz er bî mir læge,
wesse ez iemen
(nu enwelle got!), sô schamte ich mich.
wes er mit mir pflæge,
niemer niemen
bevinde daz wan er und ich
unde ein kleinez vogellîn:
tandaradei!
daz mac wol getriuwe sîn.»

GEGENSEITIGE LIEBE

Bin ich dir unmære,
des enweiz ich niht: ich minne dich.
einez ist mir swære:
dû sihst bî mir hin und über mich.
daz solt dû vermîden:
i'ne mac niht erlîden
solhe liebe ân' grôzen schaden.
hilf mir tragen, ich hân ze vil geladen!
Sol daz sîn dîn huote,
daz dîn ouge an mich sô selten siht?
tuost dû mir'z ze guote,
sône wîze ich dir dar umbe niht:
sô mît mir daz houbet
(daz sî dir erloubet)
und sich nider an mînen fuoz,
sô dû baz enmügest: daz sî dîn gruoz.

Swanne ich s' alle schouwe,
die mir suln von schulden wol behagen,
sô bist du'z mîn frouwe:
daz mac ich wol âne rüemen sagen.
edel unde rîche
sint sie sumelîche,
dar zuo tragent sie hôhen muot;
lîhte sint sie bezzer, dû bist guot.
Frouwe, nû versinne
dich, ob ich dir z'ihte mære sî.
eines friundes minne
diu ist niht, da ensî ein ander bî.
minne entouc niht eine,
si sol sîn gemeine,
sô gemeine, daz si gê
durch zwei herzen unde niwet mê.

SCHÖNHEIT UND ANMUT

Herzeliebez frouwelîn,
dot gebe dir hiute und iemer guot!
kunde ich baz gedenken dîn,
des hæte ich willeclîchen muot.
waz mac ich nû sagen mê,
wan daz dir nieman holder ist? ôwê, dâ von ist mir vil wê.
Sie verwîzent mir daz ich
sô nidere wende mînen sanc.
daz sie niht versinnent sich
waz liebe sî, des haben undanc!
sie getraf diu liebe nie,

die dâ nâch guote und nâch der schœne minnent: wê, wie minnent die!
Bî der schœne ist dicke haz:
zer schœne niemen sî ze gâch.
liebe tuot dem herzen baz:
der liebe gêt diu schœne nâch.
liebe machet schœne wîp:
des'n mac diu schœne niht getuon, sin' machet niemer lieben lîp.
Ich vertrage als ich vertruoc
und als ich iemer wil vertragen:
dû bist schœne und hâst genuoc.
waz mugen sie mir dâ von gesagen?
swaz sie sagen, ich bin dir holt
und nim dîn glesîn vingerlîn für einer küniginne golt.
Hâst dû triuwe und stætekeit,
sô bin ich dîn ân' angest gar,
daz mir iemer herzeleit
mit dînem willen widervar.
hâst ab dû der zweier niht,
sô müezest dû mîn niemer werden: ôwê, obe daz geschiht!

DIE HERRLICHE FRAU

Si wunderwol gemachet wîp,
daz mir noch werde ir habedanc!
ich setze ir minneclîchen lîp
vil werde in mînen hôhen sanc.
gern' ich in allen dienen sol:
doch habe ich mir dise ûz erkorn.
ein ander weiz die sînen wol:
die lobe der âne mînen zorn,

hab' ime wîs' unde wort
mit mir gemeine: lobe ich hie, sô lobe er dort.
Ir houbet ist sô wünnenrîch,
als ez mîn himel welle sîn.
wem solde ez anders sîn gelîch?
ez hât joch himeleschen schîn.
dâ liuhtent zwêne sternen abe:
dâ müeze ich mich noch inne ersehen,
daz si mir s' alsô nâhen habe!
sô mac ein wunder wol geschehen:
ich junge, und tuot si daz,
und wirt mir gernden siechen seneder sühte baz.
Got hâte ir wengel hôhen flîz:
er streich sô tiure varwe dar,
sô reine rôt, sô reine wîz,
hie rœseloht, dort liljenvar.
ob ich'z vor sünden tar gesagen,
sô sæhe ich s' iemer gerner an
dan himel oder himelwagen.
ôwê, waz lobe ich tumber man?
mach' ich mir sie ze hêr,
vil lîhte wirt mîns mundès lop mîns herzen sêr.
Si hât ein küssen, daz ist rôt:
gewunne ich daz für mînen munt,
sô stüende ich ûf ûz dirre nôt
und wære ouch iemer mê gesunt.
dem si daz an sîn wengel leget,
der wonet dâ gerne nâhe bî:
ez smecket, sô man'z iender reget,

alsam ez allez balsme sî.
daz sol sie lîhen mir:
sô dicke sô si'z wider wil, sô gibe ich'z ir.
Ir kel, ir hende, ietweder fuoz,
daz ist ze wunsche wol getân.
ob ich da enzwischen loben muoz,
sô wæne ich mê beschouwet hân:
ich hæte ungerne «decke blôz!»
gerüefet, do ich sie nacket sach.
sie sach mîn niht, dô si mich schôz:
daz stichet noch als ez dô stach.
ich lobe die reinen stat,
dâ diu vil minneclîche ûz einem bade trat.

TROST IM LEIDE

Wil ab iemen wesen frô,
daz wir iemer in den sorgen iht enleben?
wê wie tuont die jungen sô,
die von freuden solten in den lüften sweben?
i'n weiz anders weme ich'z wîzen sol,
wan den rîchen wîze ich'z und den jungen.
die sint unbetwungen:
des stât in trûren übel und stüende in freude wol.
Wie frô Sælde kleiden kan,
daz si mir gît kumber unde hôhen muot!
sô gît s' einem rîchen man
ungemüete: ôwê, waz sol dem selben guot?
mîn frou Sælde, wie si mîn vergaz,
daz si mir sîn guot ze mînem muote

nien' schriet, si vil guote!
mîn kumber stüende im dort bî sînen sorgen baz.
Swer verholne sorge trage,
der gedenke an guotiu wîp – er wirt erlôst –
und gedenke an liehte tage:
die gedanke wâren ie mîn bester trôst.
gegen den vinstern tagen hân ich nôt,
wan daz ich mich rihte nâch der heide,
diu sich schamt ir leide:
sô si den walt siht gruonen, sô wirt s' iemer rôt.
Frouwe, als ich gedenke an dich,
waz dîn reiner lîp erwelter tugende pfliget,
sô lâ stân! dû rüerest mich
mitten an daz herze, dâ diu liebe liget.
liep und lieber des enmeine ich niht,
dû bist aller liebest, daz ich meine:
dû bist mir alleine
vor al der werlte, frouwe, swaz sô mir geschiht.

DAS HALM-MESSEN

In einen zwîvellîchen wân
was ich gesezzen und gedâhte,
ich wolte von ir dienste gân,
wan daz ein trôst mich wider brâhte.
trôst mag ez rehte niht geheizen, ouwê des!
ez ist vil kûme ein kleinez trœstelîn,
sô kleine, swenne ich'z iu gesage, ir spottet mîn;
doch fröwet sich lützel ieman, er enwizze wes.
Mich hât ein halm gemachet frô:

er giht, ich sül genâde vinden.
ich maz daz selbe kleine strô,
als ich hie vor gesach von kinden.
nû hœret unde merket, ob si'z denne tuo:
«si tuot, si entuot, si tuot, si entuot, si tuot.»
swie dicke ich'z tete, sô was ie daz ende guot.
daz trœstet mich: dâ hœret ouch geloube zuo.
Swie liep si mir von herzen sî,
sô mac ich doch vil wol erlîden,
daz ich ir sî zem besten bî.
ich darf ir werben dar niht nîden:
i'n mac, als ich erkenne, des gelouben niht,
daz s' ieman sanfte in zwîvel bringen müge.
mir'st liep, daz die getrogenen wizzen, waz sie trüge,
wan alze lanc daz s' iemer rüemic man gesiht.

DAS RECHTE MASS

Aller werdekeit ein füegerinne
daz sît ir zewâre, frouwe Mâze.
er sælic man, der iuwer lêre hât!
der endarf sich iuwer niender inne
weder ze hove schamen noch an der strâze.
durch daz sô suoche ich, frouwe, iuwern rât,
daz ir mich ebene werben lêret.
wirbe ich nidere, wirbe ich hôhe, ich bin versêret.
ich was vil nâch ze nidere tôt,
nû bin ich aber ze hôhe siech: Unmâze, ir lât mich âne nôt!
Nideriu minne heizet, diu so swachet
daz der lîp nâch kranker liebe ringet:

diu minne tuot unlobelîche wê.

hôhiu minne heizet, diu daz machet

daz der muot nâch werder liebe ûf swinget:

diu winket mir nû, daz ich mit ir gê.

nu'n weiz ich, wes diu Mâze beitet.

kumet herzeliebe, sô bin ich verleitet:

mîn ougen hânt ein wîp ersehen,

swie minneclich ir rede sî, mir mac wol schade von ir geschehen.

PREIS DER LIEBENSWÜRDIGKEIT UND TUGEND

Ein niuwer sumer, ein niuwe zît,

ein guot gedinge, ein lieber wân,

diu liebent mir enwiderstrît,

daz ich noch trôst ze freuden hân,

noch fröwet mich ein anderz baz

dan aller vogellîne sanc:

swâ man noch wîbes güete maz,

dâ wart im ie der habedanc.

daz meine ich an die frouwen mîn:

dâ muoz noch mêre trôstes sîn.

s'ist schœner danne ein schœne wîp:

die schœne machet lieber lîp.

Ich weiz wol, daz diu liebe mac

ein schœnewîp gemachen wol:

iedoch swelch wîp ie tugende pflac,

daz ist diu, der man wünschen sol.

diu liebe stêt der schœne bî

baz dan gesteine dem golde tuot:

nû jehet, waz danne bezzer sî,

hânt disiu beide rehten muot?
sie hœhent mannes werdekeit:
swer ouch die süezen arebeit
durch sie ze rehte kan getragen,
der mac von herzeliebe sagen.
Der blic gefröwet ein herze gar,
den minneclîche ein wîp an siht:
wie welt ir danne, daz der var,
dem ander liep von in geschiht?
der ist eht maneger freuden rîch,
sô jenes freude gar zergât.
waz ist den freuden ouch gelîch,
dâ liebez herze in triuwen stât,
in schœne, in kiusche, in reinen siten?
swelch sælic man daz hât erstriten,
ob er daz vor den fremden lobet,
sô wizzet, daz er niht entobet.
Waz sol ein man, der niht engert
gewerbes umbe ein reine wîp?
si lâze in iemer ungewert,
ez tiuret doch wol sînen lîp.
er tuo durch einer willen sô,
daz er den andern wol behage:
sô tuot in ouch diu eine frô,
ob im diu ander gar versage.
dar an gedenke ein sælic man:
dâ lît vil sælde und êren an.
swer guotes wîbes minne hât,
der schamt sich aller missetât.

DEUTSCHLAND ÜBER ALLES

Ir sult sprechen willekomen:
der iu mære bringet, daz bin ich.
allez daz ir habet vernomen,
daz ist gar ein wint: nû fraget mich.
ich wil aber miete:
wirt mîn lôn iht guot,
ich sag' iu vil lîhte daz iu sanfte tuot.
seht, waz man mir êren biete.
Ich wil tiuschen frouwen sagen
solhiu mære, daz sie deste baz
al der werlte suln behagen:
âne grôze miete tuon ich daz.
waz wold' ich ze lône?
sie sint mir ze hêr:
sô bin ich gefüege und bite sie nihtes mêr,
wan daz sie mich grüezen schône.
Ich hân lande vil gesehen
unde nam der besten gerne war:
übel müeze mir geschehen,
künde ich ie mîn herze bringen dar,
daz im wol gevallen
wolte fremeder site.
nû waz hulfe mich, ob ich unrehte strite?
tiuschiu zuht gât vor in allen.
Von der Elbe unz an den Rîn
und her wider unz an der Unger lant
mugen wol die besten sîn,
die ich in der werlte hân erkant.

kan ich rehte schouwen

guot gelâz und lîp,

sam mir got, sô swüere ich wol daz hie diu wîp

bezzer sint dann' ander frouwen.

Tiusche man sint wol gezogen,

rehte als engel sint diu wîp getân.

swer sie schiltet, der'st betrogen:

ich enkan sîn anders niht verstân.

tugent und reine minne,

swer die suochen wil,

der sol komen in unser lant: da ist wünne vil.

lange müeze ich leben dar inne!

DER MINNE RECHT

Daz ich dich sô selten grüeze,

frouwe, deist ân' alle mînne missetât.

ich wil daz wol zürnen müeze

liep mit liebe, swa ez von friundes herzen gât.

trûren unde wesen frô,

sanfte zürnen, sêre süenen, deis der minne reht: diu herzeliebe wil alsô.

IM GELOBTEN LANDE

Nû alrêst leb' ich mir werde,

sît mîn sündic ouge siht

lant daz hêre und ouch die erde,

dem man vil der êren giht.

mir'st geschehen, des ich ie bat:

ich bin komen an die stat,

dâ got menneschlîchen trat.

Schœniu lant rîch unde hêre,

swaz ich der noch hân gesehen,
sô bist du'z ir aller êre.
waz ist wunders hie geschehen!
daz ein maget ein kint gebar
hêre übr aller engel schar,
was daz niht ein wunder gar?
Hie liez er sich reine toufen,
daz der mensche reine sî;
dô liez er sich hie verkoufen,
daz wir eigen wurden frî.
anders wæren wir verlorn,
wol dir, sper, kriuz' unde dorn:
wê dir, heiden, deist dir zorn!
Do er sich über uns wolde erbarmen,
hie leit er den grimmen tôt,
er vil rîche übr uns vil armen,
daz wir kœmen ûz der nôt.
daz in dô des niht verdrôz,
dast ein wunder alze grôz,
aller wunder übergenôz.
Hinnen fuor der sun zer helle
von dem grabe, da er inne lac.
des was ie der vater geselle
und der geist, den nieman mac
sunder scheiden: êst al ein,
sleht und ebener danne ein zein,
als er Abrahâme erschein.
Do er den tievel dô geschande
daz nie keiser baz gestreit,

dô fuor er her wider ze lande.
dô huop sich der juden leit,
daz er hêrre ir huote brach
und man in sît lebendic sach,
den ir hant sluoc unde stach.
Dar nâch was er in dem lande
vierzic tage: dô fuor er dar,
dannen in sîn vater sande.
sînen geist, der uns bewar,
den sant' er hin wider ze hant.
heilic ist daz selbe lant,
sîn nam ist vor gote erkant.
In diz lant hât er gesprochen
einen angeslîchen tac,
dâ diu witwe wirt gerochen
und der weise klagen mac
und der arme den gewalt,
der dâ wirt mit ime gestalt.
wol im dort, der hie vergalt!
Unser lantrehtære tihten
fristet dâ niemannes klage,
wan er wil ze stunt dâ rihten,
so ez ist an dem lesten tage:
und swer dheine schult hie lât
unverebenet, wie der stât
dort, da er pfant noch bürgen hât!
Ir enlât iuch niht verdriezen
daz ich noch gesprochen hân,
sô wil ich die rede besliezen

kurzlîch, und iuch wizzen lân:
swaz got mit der werelt ie
wunderlîches noch begie,
daz huop sich und endet hie.
Kristen, juden unde heiden
jehent, daz diz ir erbe sî:
got müez' ez ze rehte scheiden
durch die sîne namen drî.
al diu werelt strîtet her:
wir sîn an der rehten ger,
reht ist daz er uns gewer.

EINST UND JETZT

Owê war sint verswunden   alliu mîniu jâr!
ist mir mîn leben getroumet   oder ist ez wâr?
daz ich ie wânde daz   iht wære, waz daz iht?
dar nâch hân ich geslâfen   unde enweiz es niht.
nû bin ich erwachet   und ist mir unbekant
daz mir hie vor was kündic   als mîn ander hant.
liut unde lant, dâ ich   von kinde bin erzogen,
die sint mir fremde worden,   reht' als ez sî gelogen.
die mîne gespilen wâren,   die sint træge und alt;
bereitet ist daz velt,   verhouwen ist der walt:
wan daz daz wazzer fliuzet   als ez wîlent flôz,
für wâr ich wânde, mîn   unglücke wurde grôz.
mich grüezet maneger trâge,   der mich bekande ê wol.
diu werlt ist allenthalben   ungenâden vol:
als ich gedenke an manegen   wünneclîchen tac,
die sint mir enpfallen gar   als in daz mer ein slac

iemer mêre, ouwê!
Owê wie jæmerlîche junge liute tuont!
den unvil riuweclîche ir gemüete ê stuont,
die kunnen nû wan sorgen: ouwê wie tuont sie sô?
swar ich zer werlte kêre, dâ ist nieman frô:
tanzen, lachen, singen zergât mit sorgen gar
nie kristenman gesach sô jæmerlîche schar.
nû merket, wie den frouwen ir gebende stât;
die stolzen ritter tragent dörperlîche wât.
uns sint unsenfte brieve her von Rôme komen:
uns ist erloubet trûren und freude gar benomen.
daz müet mich inneclîchen (wir lebten ie vil wol),
daz ich nû für mîn lachen weinen kiesen sol.
die wilden vogele betrüebet unser klage:
waz wunders ist, ob ich dâ von vil gar verzage?
waz spriche ich tumber man durch mînen bœsen zorn?
swer dirre wünne volget, der hât jene dort verlorn
iemer mêre, ouwê!
Owê wie uns mit süezen dingen ist vergeben!
ich sihe die gallen mitten in dem honege sweben.
diu werlt ist ûzen schœne wîz, grüen' unde rôt
und innen swarzer varwe, vinster sam der tôt.
swen si nû habe verleitet, der schouwe sînen trôst:
er wirt mit swacher buoze grôzer sünde erlôst.
dar an gedenket, ritter, ez ist iuwer dinc:
ir traget die liehten helme und manegen herten rinc,
dar zuo die vesten schilte und diu gewîhten swert!
wolte got, wær' ich der sigenünfte wert!
sô wolte ich nôtic man verdienen rîchen solt.

joch meine ich niht die huoben   noch der hêrren golt:
ich wolte selbe krône   êweclîchen tragen;
die möhte ein soldenære   mit sîme sper bejagen.
möht' ich die lieben reise   gevaren über sê,
sô wolte ich denne singen «wol»   und niemer mêre «ouwê»,
niemer mêre «ouwê!»

DER WAHLSTREIT

I

Ich saz ûf eime steine
und dahte bein mit beine,
dar ûf sast' ich den ellenbogen;
ich hete in mîne hant gesmogen
mîn kinne und ein mîn wange.
dô dâhte ich mir vil ange,
wes man zer werlte solte leben.
dekeinen rât kond' ich gegeben,
wie man driu dinc erwurbe,
der keines niht verdurbe.
diu zwei sint êre und varnde guot,
daz dicke ein ander schaden tuot;
daz dritte ist gotes hulde,
der zweier übergulde.
die wolde ich gerne in einen schrîn.
jâ leider des'n mac niht gesîn,
daz guot und werltlich êre
und gotes hulde mêre
zesamene in ein herze komen.
stîg' unde wege sint in benomen:

untriuwe ist in der sâze,
gewalt vert ûf der strâze,
frid' unde reht sint sêre wunt:
diu driu enhabent geleites niht, diu zwei enwerden ê gesunt.

II

Ich hôrte ein wazzer diezen
und sach die vische fliezen;
ich sach swaz in der werlte was,
velt unde walt, loup, rôr und gras;
swaz kriuchet unde fliuget
und bein zer erden biuget,
daz sach ich unde sage iu daz:
der keinez lebet âne haz.
daz wilt und daz gewürme
die strîtent starke stürme,
sam tuont die vogel under in;
wan daz sie habent einen sin:
sie diuhten sich ze nihte,
sie schüefen starc gerihte:
sie kiesent künege unde reht,
sie setzent hêrren unde kneht.
sô wê dir, tiuschiu zunge,
wie stêt dîn ordenunge,
daz nû diu mucke ir künic hât
und daz dîn êre alsô zergât!
bekêrâ dich, bekêre!
die zirken sint ze hêre,
die armen künege dringent dich:
Philippe setze en weisen ûf und heiz sie treten hinder sich!

III

Ich sach mit mînen ougen
man unde wîbe tougen,
dâ ich gehôrte und gesach
swaz iemen tet, swaz iemen sprach.
ze Rôme hôrte ich liegen
und zwêne künege triegen.
dâ von huop sich der meiste strît,
der ê was oder iemer sît,
daz sich begonden zweien
die pfaffen unde leien.
daz was ein nôt vor aller nôt:
lîp unde sêle lac dâ tôt.
die pfaffen striten sêre:
doch wart der leien mêre.
diu swert sie legeten dernider
und griffen zuo der stôle wieder:
sie bienen die sie wolten
und niuwet den sie solten.
dô stôrte man diu goteshûs.
ich hôrte verre in einer klûs
vil michel ungebære:
dâ weinde ein klôsenære,
er klagete gote sîniu leit:
«ôwê, der bâbest ist ze junc: hilf, hêrre, dîner kristenheit!»

VORZEICHEN DES JÜNGSTEN TAGES

Nû wachet! uns gêt zuo der tac,
gein dem wol angest haben mac

ein ieglich kristen, juden unde heiden.
wir hân der zeichen vil gesehen,
dar an wir sîne kunft wol spehen,
als uns diu schrift mit wârheit hât bescheiden.
diu sunne hât ir schîn verkêret,
untriuwe ir sâmen ûz gerêret
allenthalben zuo den wegen:
der vater bî dem kinde untriuwe vindet,
der bruoder sînem bruoder liuget,
geistlîchez leben in kappen triuget,
die uns ze himel solten stegen;
gewalt gêt ûf, reht vor gerihte swindet.
wol ûf! hie ist ze vil gelegen.

MORGENGEBET

Mit sælden müeze ich hiute ûf stên,
got hêrre, in dîner huote gên
und rîten, swar ich in dem lande kêre.
Krist hêrre, lâ an mir werden schîn
die grôzen kraft der güete dîn
und pflic mîn wol durch dîner muoter êre.
als ir der heilig engel pflæge,
und dîn, dô du in der kripfen læge,
junger mensch und alter got,
dêmüetic vor dem esel und vor dem rinde,
und doch mit sældenrîcher huote
pflac dîn Gabriêl der guote
wol mit triuwen sunder spot:
als pflig ouch mîn, daz an mir iht erwinde

daz dîn vil götelîch gebot.

DER WAISE

Diu krône ist elter dan der künec Philippes sî:
dâ muget ir alle schouwen wol ein wunder bî,
wie s' ime der smit sô ebene habe gemachet.
sîn keiserlîchez houbet zimt ir alsô wol,
daz sie ze rehte nieman guoter scheiden sol.
ir dewederez dâ daz ander niht enswachet.
sie liuhtent beide ein ander an,
daz edel gesteine wider den jungen süezen man:
die ougenweide sehent die fürsten gerne.
swer nû des rîches irre gê,
der schouwe, wem der weise ob sîme nacke stê:
der stein ist aller fürsten leitesterne.

NEUER LEBENSMUT

Dô Friderich ûz Ôsterrîche alsô gewarp,
dêr an der sêle genas und im der lîp erstarp,
dô fuorte er mînen kranechentrit in d' erde;
dô gieng ich slîchend' als ein pfâwe swar ich gie,
daz houbet hanhte ich nider unz ûf mîniu knie.
nû rihte ab ich ez ûf nâch vollem werde:
ich bin vil wol ze fiure komen,
mich hât daz rîche und ouch diu krône an sich genomen.
wol ûf, swer tanzen welle nâch der gîgen!
mir'st mîner swære worden buoz:
alrêrste wil ich ebene setzen mînen fuoz
und wider in ein hôchgemüete stîgen.

KÖNIG PHILIPPS KRÖNUNG

Ez gienc, eins tages als unser hêrre wart geborn
von einer maget, die'r im ze muoter hâte erkorn,
ze Megedeburc der künec Philippes schône.
dâ gienc eins keisers bruoder unde eins keisers kint
in éiner wât, swie doch der namen drîe sint:
er truoc des rîches zepter und die krône.
er trat vil lîse, im was niht gâch,
im sleich ein hôchgeborniu küniginne nâch,
rôs' âne dorn, ein tûbe sunder gallen.
diu zuht was niener anderswâ:
die Düringe und die Sahsen dienden alsô dâ,
daz ez den wîsen muoste wol gevallen.

BERUFUNG AN HERZOG LEOPOLD

Nû wil ich mich des scharpfen sanges ouch genieten:
dâ ich ie mit vorhten bat, dâ wil ich nû gebieten.
ich sihe wol, daz man hêrren guot und wîbes gruoz
gewalteclîche und ungezogenlîche erwerben muoz.
singe ich mînen höveschen sanc, sô klagent si'z Stollen:
dêswâr ich gewinne ouch lîhte knollen;
sît sie die schalkeit wellen, ich gemache in vollen kragen.
ze Ôsterrîche lernde ich singen unde sagen
dâ wil ich mich allerêrst beklagen:
vind' ich an Liupolt höveschen trôst, so'st mir mîn muot entswollen.

DER RÖMISCHE STUHL

Der stuol ze Rôme ist allerêrst berihtet rehte
als hie vor bî einem zouberære Gêrbrehte.

der gap ze valle niwet wan sîn eines leben:
sô wil sich dirre und al die kristenheit ze valle geben.
wan rüefent alle zungen hin ze himele wâfen
und frâgent got, wie lange er welle slâfen?
sie widerwürkent sîniu werc und velschent sîniu wort:
sîn kamerære stilt im sînen himelhort,
sîn süener roubet hie und mordet dort,
sîn hirte ist z'einem wolve im worden under sînen schâfen.

DER VERFÜHRER

Ir bischov' unde ir edeln pfaffen, ir sît verleitet.
seht wie iuch der bâbest mit des tievels stricken seitet!
saget ir uns, daz er sant Pêters slüzzel habe,
sô saget, war umbe er sîne lêre von den buochen schabe?
daz man gotes gâbe iht koufe oder verkoufe,
daz wart uns verboten bî der toufe.
nû lêre êt'z in sîn swarzez buoch, daz ime der hellemôr
hât gegeben, und ûz im lese êt sîniu rôr.
ir kardenæle, ir decket iuwern kôr:
unser alter frône der stêt undr einer übelen troufe.

WIRT UND GAST

«Sît willekomen, hêr wirt!» dem gruoze muoz ich swîgen:
«sît willekomen, hêr gast!» so muoz ich sprechen oder nîgen.
wirt unde heim sint zwêne unschameliche namen:
gast und hereberge muoz man sich vil dicke schamen.
noch müez' ich geleben, daz ich den gast ouch grüeze,
sô daz er mir, dem wirte, danken müeze.
«sît hînaht hie! sît morgen dort!» waz gougelfuore ist daz?
«ich bin heime» ode «ich wil heim», daz trœstet baz.

gast unde schâch kumt selten âne haz:
ir büezet mir des gastes, daz iu got des schâches büeze.

DREI GASTLICHE HÖFE

Die wîle ich weiz drî hove sô lobelîcher manne,
sô ist mîn wîn gelesen unde sûset wol mîn pfanne.
der biderbe patriarche missewende frî
der ist ir einer, so ist mîn hövescher trôst zehant dâ bî
Liupolt, zwir ein fürste, Stîre und Ôsterrîche.
niemen lept, den ich zuo deme gelîche:
sîn lop ist niht ein lobelîn: er mac, er hât, er tuot.
sô ist sîn veter als der milte Welf gemuot:
des lop was ganz, ez ist nâch tôde guot.
mir'st vil unnôt, daz ich durch handelunge iht verre strîche.

VERWÜNSCHUNG

Herzoge ûz Ôsterrîche, lâ mich bî den liuten.
wünsche mir ze velde, niht ze walde, ich'n kan niht riuten.
sie sehent mich bî in gerne, alsô tuon ich sie.
dû wünschest underwîlent biderbem man, du'n weist niht wie.
wünsches dû mir von in, sô tuost dû mir leide;
vil sælic sî der walt, dar zuo diu heide:
diu müeze dir vil wol gezemen. wie hâst dû nû getân,
sît ich dir an dîn gemach gewünschet hân
und dû mir an mîn ungemach? lâ stân!
wis dû von in, lâ mich bî in, sô leben wir sanfte beide.

GÖTTLICHE BOTSCHAFT

Hêr keiser, ich bin frônebote
und bringe iu boteschaft von gote:

ir habt die erde, er hât daz himelrîche.
er hiez iu klagen (ir sît sîn voget),
in sînes sunes lande broget
diu heidenschaft iu beiden lasterlîche.
ir muget im gerne rihten.
sîn sun, der ist geheizen Krist,
er hiez iu sagen, wie er'z verschulden welle
(nû lât in zuo z'iu pflihten):
er rihte iu dâ er voget ist,
klagt ir joch über den tiuvel ûz der helle.

AAR UND LÖWE

Hêr keiser, swenne ir Tiuschen fride
gemachet stæte bî de wide,
sô bietent iu die fremeden zungen êre.
die sult ir nemen ân' arebeit
und süenet al die kristenheit:
daz tiuret iuch und müet die heiden sêre.
ir traget zwei keisers ellen:
des aren tugent, des lewen kraft,
die sint dez herzeichen an dem schilte.
die zwêne hergesellen,
wan wolten s' an die heidenschaft!
waz widerstüende ir manheit unde ir milte?

AN KÖNIG FRIEDRICH

Von Rôme voget, von Pülle künec, lât iuch erbarmen,
daz man mich bî rîcher kunst alsus siht armen.
gerne wolte ich, möhte ez sîn, bî eigem fiure erwarmen.
zahî wie'ch danne sunge von den vogellînen,

von der heide und von den bluomen, als ich wîlent sanc!
swelch schœne wîp mir danne gæbe ir habedanc,
der lieze ich liljen unde rôsen ûz ir wängel schînen.
sus kume ich spâte und rîte fruo: gast, wê dir, wê!
sô mac der wirt wol singen von dem grüenen klê.
die nôt bedenket, milter künec, daz iuwer nôt zergê!

DAS LEHEN

Ich hân mîn lêhen, al die werlt! ich hân mîn lêhen!
nû enfürhte ich niht den hornunc an die zêhen
und wil alle bœse hêrren deste minre vlêhen.
der edel künec, der milte künec hât mich berâten,
daz ich den sumer luft und in dem winter hitze hân.
mîn' nâhgebûren dunke ich verre baz getân:
sie sehent mich niht mêr an in butzen wîs', alsô sie tâten.
ich bin ze lange arm gewesen ân' mînen danc.
ich was sô volle scheltens, daz mîn âtem stanc:
daz hât der künec gemachet reine und dar zuo mînen sanc.

ANMERKUNGEN

FRÜHLINGSSEHNSUCHT. *geschadet* ist wie *geschât* zu lesen; der Winter hat uns allerwärts Nachteil gebracht. – *val*, entfärbt. – *stimme*, Vogelstimme. – *maget*, nicht Magd, Dienerin, sondern Jungfrau. – *wache ich*, muß ich wachen. – *die wîle*, die Zeit über, so lang. – *nît haben*, etwas hassen. – *den strît lân*, das Feld räumen.

TRAUMDEUTUNG. *dar*, dahin. – *was sîn ganc*, nahm er seinen Lauf. – *mære*, herrlich, lieb. – *bære*, [mir Schatten] verschaffte. – *umbe daz*, darum: deshalb schlief ich rasch ein. – *bedûhte*, däuchte. – *alliu lant*, alle Reiche. – *gebâren*, sich gebärden, benehmen; der Sinn ist: als wenn ich Beherrscher der Welt und, was ich auch auf Erden tun möchte, doch des Himmels sicher wäre. – *walden*, Gewalt haben über etwas, dafür sorgen. – *enwart*, ward nicht. – *unsælic*, verwünscht. – *schrîen*, krächzen. – *gedîen*, gedeihen: o daß es allen Krähen so ergehen möchte, wie ich es ihnen gönne, d. h. daß sie verwünscht seien. – *nam*, benahm, raubte. – *michel*, groß. – *wan daz*, nur daß, nur weil. – *niht steines*, kein Stein: hätte ein Stein da gelegen, es wäre ihr Tod gewesen. – *suonetac*, der Tag der Sühne, des Gerichts, der jüngste, letzte Tag. – *wan*, aber, indessen. – *wunderalt*, sehr alt. – *eiden*, eidlich verpflichten, in Pflicht und Eid nehmen. – *bescheiden*, auseinandersetzen, auslegen. – *dannoch*, sodann noch: überdies sagte sie mir noch. Das Folgende eine sprichwörtliche Redensart.

FRÜHLING UND FRAUEN. *sô*, wenn. – *same*, *sam*, gleichwie, als wenn. – *spilede* = *spilende*, funkelnd. – *wîse*, Melodie. – *sich genôzen*, sich gleichstellen, vergleichen. – *sich gelîchen*, gleich sein, gleichen. – *dicke baz*, oft noch besser. – *wol gekleidet*, geputzt, in festlicher Kleidung. – *wol gebunden*, mit schönem *gebénde*, mit schön aufgebundenem, geschmücktem, mit Blumen bekränztem Haar. – *durch kurzewîle*, wegen (zur) Kurzweil, Unterhaltung; in große Gesellschaft. – *hovelîchen hôchgemuot*, in edler sittsamer Heiterkeit. – *niht eine*, nicht allein = in Begleitung. – *under stunden*, von Zeit zu Zeit: zuweilen ein wenig sich umsehend. – *alsam*, gleichwie. – *kapfen*, offenen Mundes schauen, gaffen. – *welt*, wollt. – *hôchgezît*, Freudenfest. – *krefte*, von *kraft*, Macht, Fülle. – *wederez*, welches von beiden. – *überstrîten*, im Kampfe, Wettstreit übertreffen. – *ôwê*, ach. – *küre*, von *kiesen*, auswählen, aussuchen. – *hêr Meie*, Personifikation. Der Sinn ist: lieber mags wieder Winter werden, als daß ich meine Herrin hergäbe.

LIEBESTRAUM. *sêt*, sieh, da nimm. – *iu*, euch. – *hân*, habe, besitze. – *sule wir* = *sulen wir*, wollen wir. Das Blumenbrechen vor dem Walde oder auf ferner Aue gilt für bedenklich, und der Ausdruck wird doppelsinnig gebraucht. Rosen lesen und ein Kuß von rotem Munde sind gleichbedeutend. – *kint*, junges Mädchen. – *êre*, Ehrgefühl, Scham. – *sich erschamen*, in Scham geraten; da schlug sie ihre leuchtenden Augen verschämt nieder. – *neic*, sie verneigte sich dankend. – *schône*, freundlich. – *tougen*, heimlich. – *ie*, allezeit, fortwährend. – *bî uns*, neben uns. – *von*, vor, aus. Aus Freude über dieses wonnevolle Glück, das mir im Traume beschert war, mußte ich lachen. – *muose*, mußte. – *meiden* = *megeden*, Jungfrauen. – *vast'* = *vaste*, sehr, genau, eifrig. – *under diu ougen* oder *under ougen*, ins Gesicht. – *lîhte*, vielleicht. – *eniu*, jene: die ich im Traume sah. – *mir ist buoz*, ich werde von etwas erledigt, befreit: so bin ich meiner Sorgen, meines Kummers quitt. – *waz obe*, wie wenn, wer weiß ob nicht. Der auch anderwärts begegnende Ausdruck *an dem tanze gên* deutet auf eine mehr ruhige Bewegung.

SCHÖNHEIT UND TUGEND. *Wol mich*, wohl mir: Heil der Stunde. – *erkennen*, kennen lernen. – *muot*, Seele, Gemüt: mich an Leib und Seele. – *betwingen*, bezwingen, unterwerfen. – *sît deich*, seitdem ich. – *sô gar*, so gänzlich. – *wande*, wandte, richtete. – *verdringen einen eines dinges*, wegdrängen von etwas: deren sie mich beraubt hat. – *gescheiden*, sich trennen, losmachen. – *getar*, von *geturren*, sich unterstehen, getrauen, dürfen. – *eines dinges an einen muoten*, etwas von einem verlangen, ihm zumuten. Was immer ich von ihrer Güte verlangen darf, möge zu einem guten, uns beide befriedigenden Ende gebracht werden.

UNTER DER LINDE. *friedel*, Geliebter. – *ê*, vorher, früher. – *hêr*, erhaben, vornehm, heilig: hl. Jungfrau (Maria). – *stunt*, hinter Zahlwörtern: Mal. Ob er mich geküßt hat? ja, wohl tausendmal. – *alsô*, verstärkend, im Sinne von: sehr. – *bettestat*, Lager-, Ruhestätte. – *das pfat*, der Pfad. – *bî den rôsen*, an den Rosen: da wo die Rosen liegen. – *mir'z* = *mir daz*. – *niemer niemen*, nimmer niemand, verstärkte Negation. – *bevinde*, erfahre, soll das erfahren. – *wan*, außer. – *getriuwe*, zuverlässig, verschwiegen.

GEGENSEITIGE LIEBE. *unmære*, unwert, gleichgültig, zuwider. Ob du mich liebst, weiß ich nicht, ich aber liebe dich. – *swære*, schmerzlich. – *vermîden*, unterlassen. – *erlîden*, ertragen. – *huote*, Vorsicht: tust du das etwa aus Vorsicht (vor den Spähern), daß du mich so selten anblickst? – *ze guote*, zum Nutzen. – *wîzen*, tadeln: so tadle ich dich deswegen nicht. – *sô dû baz enmügest*, wenn du nicht weiter (gehen, mehr tun) kannst. – *swanne*, wann immer. – *ich s'* = *ich sie, die*: ich alle diejenigen betrachte, die. – *von schulden*, aus zureichendem Grunde, mit Recht. – *behagen*, gefallen. – *âne rüemen*, ohne Prahlerei. – *sumelîch*, mancher. – *z'ihte*, zu irgend etwas, einigermaßen. – *mære*, wert: ob ich dir etwas gelte. – *niwet*, ältere Form von *niht*.

SCHÖNHEIT UND ANMUT. *frouwelîn*: das Diminutivum bezeichnet die niedere Herkunft der Geliebten. – *willeclîchen*, willig, bereitwillig. – *muot haben eines dinges*, Verlangen, Lust, Absicht haben, etwas zu tun: dazu wäre ich gerne bereit. – *mê*, weiter. – *wan daz*, außer, als daß. Das bereitet mir Schmerz. – *verwîzen*, einem tadelnd vorwerfen; verweisen, daß ich so Niedrigem meinen Gesang weihe. – *liebe*, Anmut, Liebreiz. Dafür sollen sie keinen Dank empfangen; eine Verwünschung. – *getraf*, bewegte, ergriff. – *guot*, Geld,

Vermögen, Reichtum. – *haz*, Hassenswertes. – *gâch*, jäh, schnell: lasse sich keiner von der Schönheit zu rasch fesseln. – *gêt nâch* = steht nach: die Anmut geht der Schönheit vor. – *schœne*, unflektierte Form; verschönt die Frau. – *vertragen*, ertragen, hingehen, sich gefallen lassen; nämlich den gegen meine niedere Minne ausgesprochenen Tadel. – *glesîn vingerlîn*, Fingerring von Glas, im Mittelalter häufig getragen. Durch den Glasring, den der Dichter dem Goldreif einer Fürstin vorzieht, ist die Armut und niedrige Stellung der Geliebten angedeutet. – *dîn ân' angest gar*, in bezug auf dich gänzlich unbesorgt. – *iemer*, jemals. – *mit willen*, mit Vorsatz, absichtlich.

DIE HERRLICHE FRAU. *wunderwol*, wunderbar schön. – *ich setze ir minneclîchen lîp*: ich räume ihrem lieblichen Leibe eine würdige Stelle ein in meinem kunstvollen Gesang; ich bin gern bereit, allen Frauen zu huldigen; doch habe ich mir diese auserwählt, ein anderer kennt die seinige: ich habe nichts dagegen, wenn er diese lobt, selbst wenn es mit meiner Tonweise und meinen Worten (meinen eigenen Liedern) geschieht. – *als*, als wenn, wie wenn. – *joch*, auch. – *dâ abe*, davon, daraus. – *dâ inne*, darin. – *ersehen*, schauen; spiegeln. – *mir s'* = *mir sie*, nämlich die beiden Sterne (Augen). – *haben*, halten: o daß sie mir die Augen so nahe rückte, daß ich mich darin schauen könnte! – *sô*, dann. – *jungen*, jung werden. – *und*, wenn. – *mir gernden siechen*, mir Sehnsuchtskranken. – *mir wirt baz*, ich werde von etwas erlöst, befreit. – *seneder sühte*, von der Liebeskrankheit. – *flîz haben eines dinges*, Sorgfalt auf etwas verwenden. Gott verwandte auf ihre Wangen so große Sorgfalt. – *streich*: Präteritum von *strîchen*, streichen. – *rœseloht*, rosig; *liljenvar*, lilienfarbig. – *vor sünden*, ohne mich zu versündigen. – *tar*, mich getraue, darf. – *himelwagen*, das Sternbild des großen Bären. – *hêr*, vornehm, stolz: erhebe ich sie gar zu hoch, so kann es leicht geschehen, daß mein Lob meinem Herzen zum Schmerz (*sêr*) gereicht. – *küssen*, Kissen, Polster, so nennt der Dichter wortspielend die rotschwellenden Lippen. – *ûf stân*, erstehen, sich erheben. – *nôt*, Drangsal: so würde ich dieser Pein ledig. – *smecken*, riechen, duften. – *sô*, wenn. – *iender*, irgend, nur. – *regen*, bewegen, berühren. – *allez*, gänzlich, durchaus; als wenn es durch und durch aus Balsam bestände. – *so dicke*, so oft. – *kel*, der Hals. – *ietweder*, jeder von beiden, beide. – *ze wunsche wolgetân*, wie man nur wünschen kann, aufs beste, vollkommenste geschaffen; wenn ich daneben (zwischen Hals und Fuß) etwas loben darf, so meine ich allerdings noch mehr gesehen zu haben. – *decke blôz*, Imperativ, decke das Bloße! vielleicht ein Ausdruck aus dem Fechtunterricht, Zuruf des Lehrers. – *mîn niht*, nichts von mir, mich nicht. – *schôz*, traf, verwundete. – *stichet noch*, schmerzt noch (wie eine Wunde). – *als*, ganz so wie, wie. – *dô*, damals. – *die reinen stat*, die reine, schöne Stätte.

TROST IM LEIDE. *ab*, gekürzt für *aber*; will denn niemand wieder fröhlich sein, daß wir nicht immerfort in Sorgen leben müssen? – *von*, vor. – *wîzen*, tadeln, strafen, vorwerfen: ich weiß nicht, wem sonst ich die Schuld geben soll. – *unbetwungen*, uneingeschränkt, unbehindert: die haben nichts, was sie bekümmert. – *des*, darum. – *stân*, schlecht oder gut anstehen, ziemen. – *Frô Sælde*: die Glücksgötter: wie (eigen, ungleich) die Glücksgöttin doch ihre Gaben austeilt. – *kumber*, Bedrängnis, hier die Last der Armut. – *sô*, umgekehrt, auf der andern Seite. – *gît s'* = gibt sie. – *daz ungemüete*, Unmut. – *nien'* = *niene schriet*, Präteritum von *schrôten*, schneiden, zuschneiden; der Dichter bleibt beim Bilde des Kleidens; *guote* ist ironisch gemeint. – *verholne*, insgeheim, im stillen. – *sorge*, Kummer. – *trage*, trägt. – *liehte tage* = die sonnigen Tage des Sommers, die Sommerfreude. – *erwelt*, auserlesen. – *lâ stân*: laß ab, hör auf.

DAS HALM-MESSEN. *zwîvellîch*, ungewiß, verzweifelnd. – *wân*, hier etwa Gedanken. In zweifelnde Gedanken. – *was ich gesezzen*, hatte ich mich gesetzt, war ich vertieft, versenkt; daß ich meine Bemühung um sie, meine Bewerbung aufgeben wolle. – *wan daz*, außer daß: hätte mich nicht eine freudige Zuversicht zurück (davon ab) gebracht. – *fröwen*, freuen. – *lützel ieman*, wenig jemand = niemand. – *er enwizze wes*, ohne zu wissen weshalb, worüber. – *er gihet*: er sagt (ich solle noch die Gunst der Geliebten gewinnen). – *kleine*, fein, zart. Unter dem Messen des Halmes haben wir dasselbe Spiel zu verstehen, das heute noch unter Kindern und Erwachsenen im Schwange ist und darin besteht, daß entweder die Knoten oder Ringe eines beliebigen Halmes oder auch die Blätter der Sternblume (wie von Gretchen im Faust), ja selbst die Knöpfe an Weste und Rock gezählt werden. Doch ist zu beachten, daß W. den Halm ein *kleinez strô* nennt, was die Deutung auf die Halmknoten unsicher macht.

DAS RECHTE MASS. *füegerinne*, Schöpferin. – *zewâre*, fürwahr. – *endarf*: braucht sich nicht. – *durch daz*, deshalb. – *ebene*, im Gegensatz zu *nidere* und *hôhe*, im rechten Ebenmaße der Mitte. – *werben*, handeln, tun, werben (hier: um Minne). – *vil nâch*, nahezu, beinahe. – *ze nidere*, *ze hôhe*, durch zu niedrige, zu hohe Werbung. – *ir lât mich âne nôt*, laßt mich unbehelligt, in Ruhe! – *swachen*, erniedrigen. – *kranc*, schwach, gering, unwürdig. – *beiten*, warten, zögern. Ich möchte wissen, warum die Maße zögert (mich aus der Unmaße zu retten durch ihre Unterweisung). – *verleitet*, irregeführt: kommt die Maße nicht bald, so folge ich ratlos meinem Herzensdrang.

PREIS DER LIEBENSWÜRDIGKEIT UND TUGEND. *gedinge*, Hoffnung, Zuversicht. – *liep*, angenehm, süß. – *mir liebet ein dinc*, gefällt mir, ist mir angenehm. – *enwiderstrît*, um die Wette. – *trôst hân ze freuden*, zuversichtliche Hoffnung haben, daß etwas Erfreuliches geschieht. – *baz*, besser, mehr. – *maz*, abmessend, vergleichend betrachtete. – *im*, dem andern, was ihn mehr als alles Genannte erfreute. – *entoben*, sich erheben über. – *an die frouwen mîn*, in bezug auf meine Geliebte.

DEUTSCHLAND ÜBER ALLES. *gar ein wint*, gar nichts. – *miete*, Lohn, Belohnung. – *êren*, Preis. – *tiusch*, gekürzt aus *diutisch*, *tiutsch*, deutsch; ich will den deutschen Frauen solche Dinge verkünden, daß sie der Welt noch mehr (als bisher) gefallen werden. – *âne*, ohne. – *unrehte*, unrecht, unrichtig. – *strîten*, mit Worten sowohl als mit Waffen streiten. Was nützte es mir auch, wenn ich Falsches behauptete? – *her wider*, wiederum zurück. – *hân erkant*, kennen gelernt habe. – *gelâz*, Benehmen; falls ich mich anders auf Beobachtung von edler Bildung und körperlicher Schönheit verstehe, so möchte ich, so wahr mir Gott helfe, wohl schwören, daß hier die Frauen besser sind als anderwärts. – *sam*, beteuernd: so wahr, *mir got* sc. *helfe*.

DER MINNE RECHT. *ich wil*, ich meine: zwei Geliebte dürfen nach meiner Ansicht wohl miteinander zürnen, wenn es aus treuem Herzen kommt: abwechselnd Trauer und Heiterkeit, leichter Zorn und innige Versöhnung, das ist das der Minne zukommende, gebührende Recht, so will es herzliche Liebe.

IM GELOBTEN LAND. *alrêst* = *allererst*. Nun erst hat das Leben Wert für mich. – *giht*, von *jehen*, von jemand etwas sagen: das man so sehr rühmt und preist. – *menneschlîchen*, menschlich, als Mensch. – *trat*, wandelte. – *er reine*, er der Reine, Makellose. – *wir eigen*, wir Unfreie, Leibeigene. – *heiden*, darunter verstand man im Mittelalter namentlich auch die Mohammedaner. – *mir ist zorn*, ich gerate in Zorn. – *übergenôz*, der seinesgleichen nicht hat. – *hinnen*, von hinnen. – *sunder scheiden*, absondern, lostrennen. – *al ein*, alles eins: sie bilden eins. – *sleht*, glatt. – *eben*, gleichmäßig. – *der zein*, gegossener Metallstab. – *geschenden*, zuschanden machen. – *sich heben*, anheben, anfangen. – *sluoc unde stach*, geschlagen und gestochen hatte. – *sande*, gesandt hatte. – *hin wider*, hierher zurück. – *einen tac sprechen*, einen bestimmten Termin zur Gerichtsverhandlung ansetzen. – *angeslîch*, angstvoll, Angst erregend: den jüngsten Gerichtstag. – *der weise*, die Waise. – *der gewalt*, Vergewaltigung. – *gestalt*, von *stellen*, anstellen: die man an ihm hier verübt. – *vergalt*, bezahlt, gebüßt hat. – *lantrehtære*, Vorsteher eines Landgerichts. – *tihten*, das Erfinden, Urteilsspruch; juristische Spitzfindigkeiten, Erfindungen. – *fristen*, aufschieben, hintanhalten. – *ze stunt*, sogleich, auf der Stelle. – *unverebenet*, unausgeglichen, unberichtigt. – *diu ger*, das Verlangen, Begehren: unser Anspruch ist der berechtigte, darum ist es in der Ordnung, daß er ihn uns erfülle.

EINST UND JETZT. *war*, wohin. – *kündic*, bekannt, wie der einen Hand die andere. – *bereitet*, »was einst unangebautes Feld, also Wiesengrund, war, ist jetzt umgebrochen in Äcker, der Wald ist umgehauen.« – *wan daz*, nur daß: flösse nicht das Wasser, wie es ehedem geflossen; fürwahr ich glaubte ... – *trâge*, träg, lässig, zögernd. – *ungenâde*, Trübsal, Mißgeschick. – *enpfallen*, bildlich: verloren gehen: die sind mir entschwunden, zerronnen. Wie ein Schlag ins Meer, in den Bach oder ins Wasser, ein bei den mhd. Dichtern öfter vorkommendes Bild für etwas schnell Vorübergehendes, spurlos Verschwindendes. – *iemer mêre*, für immer. – *jæmerlîche*, kläglich. – *tuont*, sich gebärden. – *unvil*, selten = niemals. – *riuweclîche*, bekümmert, betrübt. – *kristenman*, Christenmensch. – *das gebénde*, der Kopfputz der Frauen. – *dörperlîch*, dörfisch, bäurisch. – *unsenfte*, unerfreulich. – *brieve*, Bannbriefe, -bullen. – *müet*, betrübt, quält mich. – *kiesen*, wählen: daß ich nun das Lachen mit Weinen vertauschen soll. – *wilde* heißt alles, was im Walde lebt, im Gegenteil zu *zam*, das bei den Menschen lebt: selbst die dem Menschen fremden Waldvögel trauern mit uns. – *dirre wünne*, dieser, der irdischen Wonne und Freude. – *vergeben*, vergiften: wie sind wir mit den Süßigkeiten (dieser Welt) vergiftet! – *iuwer dinc*, eure Sache; euch, ihr Ritter, liegt es ob (das Kreuz zu nehmen). – *rinc*, Stahlring, Ringpanzer. – *diu gewîhten swert*, im Mittelalter wurden den Rittern bei Gelegenheit der Schwertnahme die Schwerter geweiht und gesegnet. – *sîgenunft*, eigentlich Siegnahme; Sieg. Wäre ich würdig, an dem siegreichen (Kreuz-)Zuge teilzunehmen! – *nôtic*, arm, bedürftig. – *joch*, wahrlich. – *huobe*, Hube, mansus, ein Grundstück von 30–40 Morgen Landes; hier = Lehngüter. – *die lieben reise über sê*, die willkommene, erwünschte Kreuzfahrt übers Meer.

DER WAHLSTREIT. *stein*, Fels. – *dahte*, von decken, ebenso *saste* von *setzen*. – *gesmogen* von *smiegen*: geschmiegt. – *daz wange*, die Wange. – *ange*, dicht an-, umschließend, dann bildlich: mit ängstlicher Sorgfalt. – *wes*, weshalb. – *der*, deren, von denen. – *diu zwei*, zwei davon. – *varnde guot*, bewegliche (hier = vergängliche, irdische) Habe. – *diu übergulde*, was mehr gilt: die mehr wert ist als die beiden andern. – *mêre*, jemals wieder. – *benemen*, entziehen, unmöglich machen: Weg und Steg sind ihnen verlegt. – *diu sâze*, der Hinterhalt. – *wazzer*, Fluß. – *diezen*, tosen, rauschen. – *fliezen*, vom fließenden Wasser getrieben werden; schwimmen. – *der keinez*, keines von ihnen. – *haz*, Feindschaft. – *starke stürme*, gewaltige Kämpfe. – *sam*, ebenso. – *under in*, unter sich. – *sie* = *sie en*, wenn sie nicht. – *zunge*, Sprache, Nation, Volk: deutsche Sprache = Deutschland. – *bekêrâ dich*, kehr um. – *der zirke*, Zirkel, goldener Reif als Kopfschmuck der Fürsten. – *ze hêre*, zu stolz, hochmütig: die einfachen Fürstenkronen (Fürsten) sind (gegenüber der Königskrone, Reichsgewalt) zu übermütig geworden. – *die armen künege*, damit sind nicht die Bewerber um den deutschen Thron gemeint, sondern die ausländischen Könige (von England, Frankreich, Dänemark), die nach der staufischen Doktrin des kaiserlichen Weltimperiums im Verhältnis zum Vertreter der Reichsgewalt als arm, d. h. niederen Ranges erscheinen. – *dringen*, drängen. – *en* gekürzt aus *den*. – *der weise*, der kostbarste Edelstein in der deutschen Kaiserkrone, den der Sage nach Herzog Ernst aus dem hohlen Berge mitgebracht hat; den Namen führt er, weil ihm an Größe und Wert kein anderer gleichkommt, er also der Einsame, Verwaiste ist. – *Philippe* ist Dativ: Deutschland wird aufgefordert, Philipp zu krönen. Dabei ist zu bemerken, daß Philipp als Bruder des vorigen Kaisers und als Reichsverweser die Kleinodien in Verwahrung hatte. Als Walthers Wunsch nachher in Erfüllung ging, freute er sich, wie schön die Krone dem kaiserlichen Haupte Philipps stehe, wie das edle Gestein und der junge König einander anleuchten und nun der Waise aller Fürsten Leitstern sei. – *hinder sich*, zurück. – *man* und *wîbe* ist gen. pl. – *tougen*, Geheimnis. Ich sah mit meinen Augen die Geheimnisse der Männer und Frauen, d. h. aller Welt. – *liegen*, lügen. »Papst Innocenz III. spielte in bezug auf die deutsche Kaiserwahl ein so feines Spiel, daß, wie er selber schreibt, bis zum Frühjahr 1199 beide Könige sich seiner Gunst rühmen konnten und in Deutschland laut die Rede ging, nicht auf die Wohlfahrt des Reiches, sondern auf seine Erniedrigung und Zerrüttung habe er es abgesehen.« – *zwêne künege*, unter diesen beiden betrogenen Königen sind die beiden Staufer Philipp und Friedrich, der zum König erwählte Sohn Kaiser Heinrichs VI., zu verstehen. – *der meiste*, der größte. – *sich zweien*, sich trennen, entzweien. – *vor* bedeutet den Vorzug: über. – *lîp unde sêle*, d. h. jener durch die Laien, diese durch die Geistlichkeit. – *diu stôle*, das priesterliche Hauptgewand; Symbol der geistlichen Gewalt. – *sie bienen*: sie bannten. Das bezieht sich auf den vom Kardinallegaten am 29. Juni 1201 über Philipp und seine Anhänger verhängten Bann. – *niuwet* (ahd. *niowiht*), nicht: und nicht denjenigen, den sie sollten, nämlich Otto, der nach Walthers Ansicht den Bann allein verdient hätte. – *stôrte*, zerstörte. – *diu ungebære*, Wehklage. – *ein klôsenære*, über diesen Klausner, den Walther noch an zwei andern Stellen nennt, ist schon viel hin und her geraten worden, ohne daß die Frage zu einem sichern Entscheid gebracht wäre. – *ôwê, der bâbest ist ze junc*, Papst Innocenz III. war bei seiner Wahl (8. Jan. 1198) 37 Jahre alt. Dies für einen Papst jugendliche Alter wurde in staufischen Kreisen mit seinen reformatorischen Plänen und seinem gewalttätigen Vorgehen gegen die weltliche Macht in Verbindung gebracht.

VORZEICHEN DES JÜNGSTEN TAGES. *zuo gên*, nahen. – *gein dem*, im Hinblick auf den: dem mit Bangen entgegensehen darf. – *diu kunft*, das Kommen, Nahen. – *spehen*, auskundschaften, erkennen. – *den schîn verkêren*, sich verfinstern. – *ûz rêren*, ausstreuen. – *zuo*, auf, an die Wege. – *einem liegen*, ihn anlügen. – *geistlîchez leben in kappen* = Klostergeistlichkeit. – *diu kappe*, langes Überkleid mit Kapuze, Chormantel, Kutte. – *stegen*, den Steg führen, leiten, den Weg bereiten. – *ûf gên*, aufsteigen, die Oberhand gewinnen. – *gelegen*, müßig liegen bleiben: hier ist schon zuviel versäumt worden. Der Dichter meint, daß es die höchste Zeit sei, der Gewalt zu steuern und das gebeugte Recht wieder aufzurichten.

MORGENGEBET. *swar*, wohin immer. – *kêren*, gehen, kommen, eine Richtung nehmen. – *lâ*, Imperativ von *lân*, *lâzen*. – *schîn werden*, sichtbar werden. – *kripfe*, Krippe. – *læge*, lagest. – *erwinde*, ablasse, aufhöre. Ebenso nimm auch du mich in deinen Schutz, damit dein göttliches Gebot an mir nicht unerfüllt bleibe.

DER WAISE. *smit*, Goldschmied. – *ebene*, genau passend. – *zimt ir*, paßt zu ihr. – *dewederez*, keines von beiden. – *leitesterne*, Leitstern; eig. Polarstern, auch Meerstern genannt, nach welchem die Seefahrer sich richten.

NEUER LEBENSMUT. *alsô gewarp*, es so weit brachte, dahin kam. – *dêr* = *daz er*. – *an der sêle genas*, die Seele rettete; weil er auf der Kreuzfahrt im Gelobten Lande, also in göttlichen Diensten starb. – *kranechentrit*, hochmütiger, gespreizter Gang nach Art der Kraniche. – *in d' erde*, in die Erde: er dämpfte, demütigte meinen stolzen Gang, Übermut. – *slîchen*, leise schreitend gehen. – *als*, wie. – *swar*, wohin immer. – *hanhte*, von *henken*, hängen lassen. – *nâch vollem werde*, meiner vollen Würde, Standesehre gemäß. – *ze fiure komen*, gastliche Aufnahme finden. – *rîche*, Imperium, aber auch Imperator. – *des ist buoz*, meine Not hat ein Ende. – *alrêrste*, jetzt erst kann ich ruhig und bequem auftreten. – *daz hôchgemüete*, erhöhte, freudige Stimmung.

KÖNIG PHILIPPS KRÖNUNG. *eins keisers bruoder*, Philipp, selbst Kaiser (weil er noch nicht in Rom gesalbt war, hier nur König genannt), war Kaiser Heinrichs VI. Bruder und Kaiser Friedrichs I. Sohn, vereinigte also in seiner Person (*wât*, Kleidung) drei Namen, dreifache Würde. – *swie doch*, obgleich. – *treten*, auftreten, schreiten. – *lîse*, leichtauftretend, und *gâch*, eilig, rasch sind Gegensätze: der kaiserliche Anstand verlangt gemessenen Schritt; rasche ungestüme Bewegungen widerstreben überhaupt der höfischen Sitte und Etikette. – *ein hôchgeborniu küniginne*, Irene, früher Verlobte Tankreds von Sizilien, Tochter des byzant. Kaisers Isaak Angelus, zu Pfingsten (25. Mai) 1197 auf dem Gunzenlê bei Augsburg mit Philipp getraut. Sie erhielt in Deutschland, wo man sie um ihres zarten jungfräulichen Wesens willen ungemein verehrte, den Namen Maria, daher sie der Dichter Rose ohne Dorn und Taube ohne Galle nennt. – *niener* = *niender*, nirgends: war dort in reichstem Maße vertreten.

BERUFUNG AN HERZOG LEOPOLD. *sich genieten*, sich befleißen. – *Stolle*, damit ist wohl einer von den unhöfischen Verkehrern seines Gesanges am Kärntner Hofe gemeint. – *der knolle*, unförmlicher Auswuchs; *kn. gewinnen*, bildlich: vor Zorn aufschwellen, zornig werden. – *krage*, Schlund, Hals, Rachen. – *muot*, erregte Stimmung, Zorn. – *entswellen*, abschwellen: so legt sich mein Zorn.

DER RÖMISCHE STUHL. *allerêrst*, nun erst. – *berihten*, wohl versehen, besetzen. – *val* = Fall in die Hölle. *ze valle geben*, ins ewige Verderben stürzen. – *niwet wan*, nichts als. – *wan*, warum nicht. Warum rufen nicht usw. – *wâfen*, Hilfs- und Wehruf. – *slâfen*, nach alttestamentlicher Ausdrucksweise (Psalm 44, 21 ff.) = ruhig zusehen. – *widerwürken*, entgegenwirken, hintertreiben, vereiteln. – *sîn kamerære*, Schatzmeister = der Papst. – *himelhort*, der Schatz göttlicher Gnade, welchen der Papst auf Erden verwalten und austeilen sollte, den er aber zu seinem eigenen Nutzen verwendet. – *süener*, Richter, Mittler, Friedensstifter.

DER VERFÜHRER. *seiten*, umstricken, fesseln. – *von den buochen schaben*, aus den Büchern (der Bibel) tilgen. – *gotes gâbe*, nicht allein die Sakramente, sondern alle andern kirchlichen Wohltaten. – *bî*, beschwörend: so wahr wir Christen sind. – *êt' z* = *eht ez*, nun möge es ihn auch lehren; nun möge er aus ihm zusammenlesen. – *swarzes buoch*, Zauberbuch, aus dem die Schwarzkunst, die Nigromantie, gelernt wird. – *der hellemôr*, der Teufel. – *rôr* ist schwierig zu deuten, aber auf das folgende, auf die Bedeckung des Chors durch Schilfrohr, hat es kaum einen Bezug; eher sind Rohrpfeifen gemeint, womit man Leichtgläubigen etwas vorpfeift, Künste, die zur Betörung Schwacher aus Zauberbüchern gelernt werden. – *iuwern kôr*, euern Chor: die römische Kirche, schützt ihr vor Sturm und Regen. – *alter frône* = *frône alter*, der heilige, der Hochaltar: der wichtigste Teil für das Ganze: die Kirche.

WIRT UND GAST. *wirt*, Hausherr. – *nîgen*, sich dankend verneigen. – *daz heim*, das eigene Haus, Heimwesen. – *unschamelîch*, dessen man sich nicht schämen muß. – *hînaht*, aus *hia naht*, diese (die kommende) Nacht. – *gougelfuore*, das Treiben eines Gauklers, Jongleurs, Spielmanns: was ist das für ein Gauklerleben? – *âne haz*, beliebt, willkommen.

DREI GASTLICHE HÖFE. *gelesen*, d. h. bereit, im Keller. – *sûsen*, sausen, vom Knistern der Bratpfanne. Der Sinn ist: so kann es mir weder an Speise noch Trank fehlen. – *missewende frî*, tadel-, makellos. Unter dem biedern Patriarchen ist aller Wahrscheinlichkeit nach Wolfger von Passau gemeint, der 1204–1218 Patriarch von Aquileja war. – *zwir ein fürste*, zweimal ein Fürst, nämlich von Steiermark und Österreich. – *gelîche*, vergleichen könnte. Ich weiß keinen Lebenden mit ihm zu vergleichen. – *sîn veter*, darunter ist sein Oheim (Vatersbruder), Herzog Heinrich, gemeint; er wohnte in Mödling bei Wien und starb 1223. – *der milte Welf*, Welf VI. (der letzte) von Bayern, † 1191 zu Memmingen, wo er seit 20 Jahren ein schwelgerisches Leben geführt und seine großen Güter in Italien und Deutschland vergeudet hatte. – *ez ist nâch tôde guot*, es überdauert seinen Tod. – *mir ist unnôt*, ich habe nicht nötig. – *durch handelunge*, um Bewirtung willen. – *verre strîchen*, in die Ferne schweifen, weit gehen.

VERWÜNSCHUNG. *riuten*, reuten, den Wald ausroden. – *leide*, weh. – *gezemen*, passen. – *gemach* ist Annehmlichkeit, Bequemlichkeit; *ungemach* das Gegenteil. – *lâ stân*, hör auf. – *wis*, sei: bleib du von den Leuten.

GÖTTLICHE BOTSCHAFT. *frônebote*, in der Rechtssprache eine hohe, unverletzliche Gerichtsperson, hier jedoch Abgesandter des Herrn, Herrenbote. – *er hiez*, er befahl = er läßt. – *voget*, das lat. advocatus, Schirmherr; Stellvertreter. – *brogen*, sich übermütig erheben, großtun, trotzen. – *lasterlîche*, schimpflich. – *gerne* = zu eurem eigenen Vorteil. – *einem rihten*,

Recht schaffen, zum Recht verhelfen. – *verschulden*, eine Schuld abtragen, vergelten. – *pflihten*, laßt ihn euch verpflichtet werden.

AAR UND LÖWE. *wide*, *wit*, Strick aus gedrehten Reisern zum Binden und Hängen; *gebieten* oder *verbieten bî der wide*, stehende Formel: bei der Strafe des Hängens. – *die fremeden zungen*, die ausländischen Sprachen = Völker: so setzt ihr euch bei den Nachbarvölkern in Ansehen. – *süenen*, versöhnen: ihr sollt der Christenheit den Frieden geben. – *tiuren*, im Werte erhöhen, verherrlichen. – *ellen*, Kraft, Mannheit. – *schilte*: das Wappen Ottos IV., das er bei seiner Krönung zu Rom im Schilde führte, waren drei Löwen und ein halber Adler. – *herzeichen*, Feldzeichen, Fahne, aber auch Wappen. – *hergeselle*, Kampfgenosse. – *manheit* bezieht sich hier auf den Löwen, *milte* (Freigebigkeit) auf den Adler, der der Sage nach seinen Raub nie ganz verzehrt, sondern kleineren Vögeln immer einen Teil davon liegen läßt.

AN KÖNIG FRIEDRICH. *voget von Rôme*, römischer Schirmvogt = Kaiser. – *Pülle*, Apulien. – *armen*, arm sein. – *zahî*, wohlan, frischauf.

DAS LEBEN. *al die werlt*, hört es, ihr Leute alle. – *der hornunc*, Februar, bildlich für Frost, Frostbeulen. – *zêhe*, die Zehe; *an die zêhen*, nämlich zu bekommen. – *bœse hêrren*, Anspielung auf König Otto. – *berâten*, mit dem Nötigsten ausrüsten, versehen. – *den sumer*, adv. acc., den Sommer über. – *der butze*, Larve, Popanz; *in butzen wîs*, wie eine gespenstige Schreckgestalt. – *sô volle scheltens*, so voll vom Schimpfen.